*Paris, le 9 Prairial an 7 de la République
française, une et indivisible.*

D. V. RAMEL, Ministre des finances,

Au C.^{en} GENISSIEU, Représentant du Peuple,
Membre du Conseil des Cinq-cents.

CITOYEN REPRÉSENTANT,

J'AI lu votre second rapport, en date du 25 floréal, sur
le moyen de mettre le niveau entre les recettes et les dépenses
de l'an 7. J'ai trouvé vos conclusions conformes à la nécessité
dont vous étiez convenu dans nos conférences, de créer de
nouvelles ressources ; mais comme vous n'avez pas publié toutes
les vérités que nous avons reconnues, je vous demande de me
permettre de vous les rappeler.

Vous m'avez témoigné, en présence de vos Collègues, que
vous étiez infiniment affligé de la publicité qu'on avait donnée à
l'existence du déficit ; vous craigniez qu'il n'en résultât un contre-
coup funeste pour le crédit. Je vous ai répondu que les messages

1

du Directoire exécutif n'apprenaient rien de nouveau aux Citoyens ; que notre véritable situation était exactement appréciée par tous ceux qui avaient intérêt à la connaître.

Vous avez observé, je m'en souviens, que jaloux de l'honneur du Corps législatif, vous ne croyiez point devoir convenir publiquement qu'il y eût un déficit, mais néanmoins que vous concluriez à la nécessité d'assurer de nouvelles rentrées, mais vous ne m'aviez point annoncé que vous motiveriez votre proposition sur des erreurs de compte, ni sur de prétendues dilapidations.

L'honneur du Corps législatif, dont vous êtes membre, Citoyen Représentant, n'est nullement intéressé dans la question qui nous occupe ; la dignité des Pouvoirs constitués peut-elle être subordonnée au résultat d'une addition ou d'une évaluation erronée ! Le Corps législatif n'a jamais déclaré qu'il n'existât point de déficit ; veuillez observer que c'est vous qui, confondant peut-être vos désirs avec votre croyance, avez pensé et annoncé qu'il n'y en avait point.

Le déficit, le Conseil des Cinq-cents l'a reconnu lorsqu'il a rendu les deux résolutions sur le sel et sur le timbre du papier, que le Conseil des Anciens a déclaré ne pouvoir adopter, et qui n'ont point été encore remplacées.

Le déficit a été reconnu par la Commission qui fit son rapport, par l'organe du C.ⁿ Malès, le 26 nivôse dernier. Pouvais-je penser qu'il n'existait point, lorsque des Autorités aussi respectables l'avaient annoncé, et lorsque j'étais convaincu, comme je le suis encore, de son existence! pouvais-je tromper les Représentans du peuple et la nation entière, en disant qu'il n'existait point! Le déficit, vous l'avez reconnu vous-même : vous savez que je me suis trouvé dans le cabinet du Ministère des finances, entre vous, qui le réduisiez à 62 millions, et un autre de vos Collègues qui le portait à 70.

Vous êtes cependant monté à la tribune pour dire que s'il y avait un déficit, il serait de très-peu de chose. Vous annoncez néanmoins que de nouvelles contributions sont nécessaires ; mais vous ajoutez qu'elles le sont pour faire face aux nouvelles demandes qui, d'après vos renseignemens, doivent être adressées au Corps législatif, et pour réparer les dilapidations commises.

Je vais répondre à vos deux observations.

Aux termes de la Constitution, le Directoire exécutif présente l'aperçu des dépenses : il n'a point demandé des fonds supplétifs ; pourquoi exercez-vous l'initiative ?

Il pourra se faire qu'avant la fin de l'année, que même sous peu de jours, de nouveaux fonds soient reconnus néces-saires : je vais vous en indiquer l'objet ; et vous reconnaîtrez qu'ils n'ont rien de commun avec ceux sur lesquels on pourrait prendre le change d'après votre rapport.

Le Directoire, exécutif aura à demander, par exemple, le remplacement des sommes payées pour la dépense des prisonniers en Angleterre, parce que les fonds n'en ont point été faits : il pourra demander le remplacement de la contribution de la Cisalpine ; on ne prévoyait pas la suspension de ses paiemens :

il pourra demander le remplacement de la dépense qu'a occasionnée la mise en campagne de quelques demi-brigades que les Bataves n'ont plus été obligés d'entretenir, dès qu'elles n'étaient plus sur leur territoire. Mais ces objets remplis, si les 700,000,000 promis par les lois portant ouverture des crédits, et par celle du 26 vendémiaire dernier, sont assurés en numéraire, et disponibles pour les échéances des paiemens, rien de plus ne sera nécessaire pour faire le service d'ici au 1.er vendémiaire prochain, à moins de quelque événement non encore connu, et postérieur à la date de ce jour.

Vous avez dit, Citoyen Représentant, que de nouvelles contributions seraient nécessaires pour couvrir des dilapidations commises : ces dilapidations, où sont-elles !

Examinons ce qui a été dépensé jusqu'à ce jour, et ce que les contributions ont produit ; ouvrons la feuille des crédits tenue par la Trésorerie nationale ; vous y verrez ce qui suit :

A N   V I I.

T A B L E A U

DES DIFFÉRENS ORDONNATEURS.	DU MONTANT des Crédits.	DES SOMMES ordonnancées jusqu'au 5 Prairial an 7.	DE CE QUI RESTE à ordonnancer.
CORPS LÉGISLATIF..	11,667,530^f	7,123,166^f	4,544,364^f
DIRECTOIRE EXÉCUTIF..	3,536,544.	2,140,000.	1,396,544.
MINISTÈRE DE LA JUSTICE....................................	8,067,362.	1,464,347.	6,603,015.
———— INTÉRIEUR..	44,143,374.	5,371,406.	38,771,968.
———— FINANCES..	4,728,160.	1,796,712.	2,931,448.
———— GUERRE... { Sans y comprendre les fonds de la Cisalpine et de la Hollande, portés à 36,000,000, et sur lesquels le tiers seulement est ordonnancé ; Mais y compris 90,000,000 à prendre sur les domaines nationaux. (Loi du 26 vendémiaire dernier)................ }	352,581,902.	245,475,209.	107,106,693.
———— MARINE... { Y compris 35,000,000 à prendre sur les domaines nationaux. (Loi du 26 vendémiaire dernier) .... }	160,000,000.	114,072,491.	45,927,509.
———— RELATIONS EXTÉRIEURES........................	4,000,000.	1,794,999.	2,205,001.
———— POLICE GÉNÉRALE...............................	2,212,732.	816,140.	1,396,592.
———— TRÉSORERIE NATIONALE.........................	6,042,392.	2,001,554.	4,040,838.
BUREAU DE LA COMPTABILITÉ NATIONALE.................	668,028.	389,683.	278,345.
DETTE PUBLIQUE...	89,560,564.	17,818,154.	71,742,410.
INDEMNITÉ DES ÉLECTEURS par évaluation..................	1,000,000.	1,000,000.	
Fonds à faire pour les dépenses imprévues non encore arrêtées, mais sur lesquelles il a été déjà alloué 1,500,000 francs pour des dépenses secrètes, l'indemnité à accorder aux parens des Ministres de Rastadt, et sur lesquelles il faudra prendre 750,000 francs pour les Postes, &c, &c............... { }	11,791,412.	300,000.	11,491,412.
	700,000,000.	401,563,861.	298,436,139.

La totalité des crédits ouverts se formant des 575 millions que vous avez reconnus dans votre rapport, et des 125 millions à prendre sur les domaines nationaux d'après la loi du 26 vendémiaire, est de 700,000,000.

Les paiemens autorisés s'élèvent à la somme de 401,563,861: vous verrez bientôt qu'ils ne sont pas entièrement effectués.

Les deux tiers de l'année sont plus qu'écoulés, et les deux tiers de la somme reconnue nécessaire ne sont point encore ordonnancés.

Les paiemens portés en dépense n'ont point été effectués, dans leur intégrité, en numéraire sonnant et irrécupérable pour le trésor public ; plus de 190,000,000 ont été fournis en délégations sur les contributions et sur les domaines : les délégataires n'ont point encore recouvré le tiers du montant de leur gage ; ils sont, de beaucoup, plutôt créanciers que débiteurs; leur titre est soumis à opposition. On retrouvera à volonté les parties prenantes ; des commissaires choisis par elles, et placés près du Ministre de la guerre, répondent de la majeure partie de ce mode de paiement ; et s'il était possible qu'il y eût dilapidation, on serait toujours à temps de la réprimer, sans que le trésor public en ressentît le moindre détriment.

Vous dites, Citoyen Représentant, qu'il faudra de nouvelles contributions pour couvrir les dilapidations faites. Ce bruit que vous avez semé va toujours croissant : veuillez préciser vos faits, afin que le soupçon n'atteigne que les coupables, s'il y en a, et ne couvre point tout le ministère.

Quelles sont les dilapidations desquelles on parle tant depuis peu de jours !

Est-ce le Ministre de la justice qui les a commises ! il n'a pas eu encore de quoi payer les quatre premiers mois des traitemens qu'il est chargé d'ordonnancer.

Ces dilapidations, est-ce le Ministre de l'intérieur qui les a commises ! Il n'a pu, sur les 44 millions de son crédit, réduit, si vous le voulez, à 38 par l'établissement de l'octroi de bienfaisance à Paris, il n'a pu, dis-je, ordonnancer encore que 5,371,406 francs.

Est-ce le Ministre des finances ! Il n'ordonnance que des traitemens ; il n'a pas pu solder encore ceux des cinq premiers mois de l'année.

Ces dilapidations, est-ce le Ministre de la guerre qui les a commises !

Je sais que le C.^{en} Scherer est actuellement dénoncé ; son compte répondra aux inculpations dirigées contre lui. La discussion à laquelle je suis obligé de me livrer dans cette lettre, m'impose l'obligation d'observer que 81 millions environ ont été ordonnancés par lui ou son successeur pour la solde ; qu'il ne peut point y avoir de dilapidation à ce sujet, car s'il ne s'est pas trouvé sous les drapeaux un nombre d'hommes suffisant pour absorber cette somme, le résidu doit être dans les caisses des payeurs de la trésorerie. La solde se paie sans intermédiaire ; elle est retirée par les mains de ceux à qui elle est due ; les absens n'y ont point de part : s'il en était autrement,

4

les Payeurs, les Conseils d'administration, les Inspecteurs, les Généraux seraient criminels, et le Ministre serait encore à l'abri de tous reproches.

La Compagnie des vivres des subsistances générales est ensuite la plus forte partie prenante : 35 millions environ ont été ordonnancés en sa faveur ; mais elle n'a recouvré encore que le tiers de cette somme, le reste est en délégations sujettes à opposition ; elles lui sont remises comme le gage de son service courant. On prévoit que deux millions lui seront dus à la fin de ce mois.

Est-ce le Ministre de la marine qui a commis les dilapidations dont on se plaint ! Je pourrais répéter les mêmes observations sur la solde et les délégations : je dois ajouter que, sur 160 millions, il n'en avait ordonnancé que 114 le 5 de ce mois. N'oublions pas les suites de la journée d'Aboukir, la nécessité de la réparer, et la sortie inattendue et inespérée du port de Brest, d'une armée navale de vingt-cinq vaisseaux de ligne, lorsqu'on croyait la Marine française anéantie.

Ces dilapidations, est-ce le Ministre des relations extérieures qui les a commises ! Il n'ordonnance que des traitemens ; il n'a pu solder encore les six premiers mois.

Est-ce le Ministre de la police ! Il n'en est encore qu'au tiers environ de son crédit.

Non, Citoyen Représentant, de nouvelles contributions ne sont point nécessaires pour couvrir des dilapidations commises ;

de nouvelles contributions sont indispensables ; parce que celles établies jusqu'au 6 floréal ne remplissent pas l'état des fonds reconnus nécessaires.

Veuillez encore ouvrir avec moi la feuille des recettes et des dépenses que la Trésorerie nationale envoie tous les jours à la Commission de surveillance ; examinez à combien se sont portées les recettes de l'exercice de l'an 7 jusqu'au 5 du présent mois de prairial. Vous me forcez à le publier ; ces recettes ne se sont élevées qu'à 158,760,759 fr. Je sais que c'est là seulement le résultat du compte tenu avec les Payeurs : j'ai celui des Receveurs, j'ai des dates peut-être plus rapprochées, j'ai fait des évaluations par approximation, et je déclare que les recettes actives n'excèdent pas 220 millions.

Si la Trésorerie nationale a payé en apparence une somme supérieure, c'est parce qu'il a été emprunté 50 millions sur l'arriéré des contributions ; c'est qu'on a porté en ligne de compte 17 millions environ de bons de rentes ; c'est que les efforts employés pour le rétablissement du crédit, ont facilité quelques négociations utiles ; c'est qu'on a eu l'avantage d'employer des délégations. Je dois en expliquer ici en peu de mots le système.

Dans l'impossibilité de payer jour par jour les sommes nécessaires pour le service, on a dit aux entrepreneurs : « Ne » craignez point de vous lier au sort de la République ; on » assure votre remboursement sur telle partie des contribu- » tions, sur les domaines ; on vous donne un gage : faites le

» service, empruntez, intervenez par votre crédit, donnez-vous
» des associés; vous êtes sûrs d'être payés, au moins avec le
» temps, si vous ne l'êtes point au fur et à mesure de vos
» avances. »

C'est à ce moyen, c'est à la fidélité avec laquelle le Directoire exécutif a fait respecter les engagemens contractés, que nous devons de n'avoir pas vu le service manquer entièrement et sur tous les points.

Le 5 du mois de prairial, au commencement du neuvième mois, les recettes sur des revenus qui devraient, suivant vous, assurer 700 millions dans l'année, ne s'étaient élevés qu'à 220 millions environ; et adoptant sans examen des bruits semés par l'étranger et accrédités par la malveillance, un Représentant du peuple accuse les Ministres du crime de dilapidations, soutient que les contributions établies sont suffisantes, et que le déficit, si toutefois il existe, est de peu de chose.

Citoyen Représentant, si les contributions sont suffisantes, je suis coupable du crime de ne point en activer suffisamment les rentrées. J'en appelle à tous vos nouveaux Collègues, à tous ceux sur-tout qui étaient dans les Administrations: ont-ils quelques reproches à me faire! Je n'en craindrais qu'un seul, si les besoins du trésor public ne me disculpaient point, et si c'était un délit que d'avoir fait usage, dans l'emploi des moyens qui devaient assurer l'exécution des lois sur les contributions, de l'opiniâtre persévérance que j'y ai mise.

Quoi ! des revenus que vous croyez suffisans n'ont donné dans les deux premiers tiers de l'année que 220 millions, tandis qu'on aurait dû recouvrer, s'ils l'avaient été, 466 millions ; et vous dites qu'il n'y a point eu de déficit, et que, s'il existe, c'est peu de chose !

Vous n'avez rien opposé à l'état des recettes que j'ai donné à la date du 1.ᵉʳ germinal ; c'était cependant à cet objet que vous deviez vous attacher : vous avez préféré nous donner des calculs hypothétiques pour l'avenir.

Je reprends votre rapport à la page 3, et précisément à la première ligne, où vous avouez sans hésiter, après avoir dit plus haut que le déficit, s'il existe, est peu de chose, que néanmoins les fonds perçus ou à percevoir sont insuffisans.

Vous ajoutez qu'il importe à la gloire du Corps législatif de prouver que tous les crédits qui avaient été demandés avaient été ouverts. Je conviens avec vous que les crédits demandés par les Ministres ont été ouverts par le Corps législatif ; les Lois rendues justifient les demandes qu'ils avaient faites. On n'exigera point que je fasse d'autre réponse à ce que vous avez ajouté, en disant que les Ministres n'ont pas le défaut d'économie de demander trop peu ; qu'ils ont assez ordinairement pour maxime qu'il vaut mieux avoir trop que trop peu ; et que comme on prévoyait des embarras résultant du retard des rentrées, chacun en fit considération pour augmenter excessivement le prix des choses. Je ne sais pas si vous pourriez soutenir ces assertions, au cas que la discussion sur la demande de fonds fût encore ouverte ; mais je sais bien que par respect pour la loi rendue je ne l'engagerai pas de nouveau.

Vos observations, Citoyen Représentant, on pouvait les entendre en 1789, lorsqu'il fallait attaquer le ministère pour détruire le régime royal ; mais lorsque nous avons une Constitution que nous avons tous juré de défendre, il me semble qu'il était digne de votre loyauté de vous rappeler qu'on ne cesse point d'être Citoyen par cela qu'on est dans le ministère de la République ; et que lorsqu'on en sort, on desire de se montrer digne de la confiance publique.

Oui, les crédits demandés ont été ouverts ; mais des crédits sont-ils des fonds disponibles !

Je devais ces observations préliminaires à l'autorité que donne à votre rapport le caractère auguste dont vous êtes revêtu, et à l'obligation pour un fonctionnaire d'écarter le danger dont la chose publique est menacée.

Je passe à l'examen de l'état des fonds décrétés.

Vous dites qu'il importe qu'il soit bien démontré qu'on avait assigné des contributions et des fonds extraordinaires qui, selon toutes les probabilités, devaient excéder tous les crédits.

L'inexactitude de cette assertion, qui vous appartient et non point au Corps législatif, est démontrée par l'existence des résolutions que le Conseil des Anciens n'a point adoptées, mais que celui des Cinq-cents n'a pas encore remplacées. Sa sollicitude a été appelée par plusieurs messages ; vous les connaissez. La nécessité de nouvelles contributions a été reconnue par toutes les commissions qui ont parlé avant vous ; elle l'est par celles que vous avez vous-même proposées. Nous allons au surplus revoir mes évaluations.

Je dois, avant tout, répondre à une objection spécieuse, mais dénuée de fondement. On me reproche d'avoir varié à chaque instant dans mes estimations : pouvais-je persister dans les premières, lorsque les lois ont sans cesse changé les bases, et lorsque leur exécution ne répond pas aux espérances de ceux qui les avaient proposées !

Pouvais-je persister à évaluer le droit d'enregistrement à 70,000,000, lorsque la loi qui l'augmente n'a été rendue qu'à la fin du premier trimestre, et qu'elle n'assure pas tout ce qu'elle promettait !

Pouvais-je continuer à estimer le timbre 30,000,000, lorsque les lois, qui sont venues tard, n'en assurent point 18 !

Pouvais-je persister à estimer les hypothèques 8,000,000, lorsque la loi qui les règle n'est venue que dans le quatrième mois !

Pouvais-je persister à estimer la taxe sur les portes et fenêtres 16,000,000, lorsque les rôles sont à peine à 7 !

Je dirai plus ; peut-on compter encore sur toutes les rentrées présumées, lorsque l'inquiétude jetée dans tous les esprits, lorsque les discussions trop prolongées sur les finances, suspendent toutes les transactions !

Je m'arrête quelques instans de plus sur le produit des bois. Je l'avais évalué, comme dans les années précédentes, 25,000,000 ; je l'avais fait d'après la supposition qu'ils étaient immunes de contributions ; que l'administration en serait changée, et ses dépenses portées dans l'état des fonds : devais-je persister dans cette évaluation, lorsque les ventes des bois de trois cents arpens et au-dessous, et la diminution du prix, ont réduit le montant des adjudications à 22,500,000 fr. , lorsqu'il faut en déduire plus de 5,000,000 pour la contribution foncière, plus de 4 pour les frais d'une administration encore subsistante !

Vous évaluez comme moi, Citoyen Représentant, le montant des crédits ouverts, ou à ouvrir, car ils ne le sont pas tous encore, à 575,000,000 , indépendamment du droit d'entretien affecté aux dépenses des routes. Il faut y ajouter les 125,000,000 à prendre sur les domaines nationaux ; ainsi la somme reconnue nécessaire se trouve portée à 700,000,000.

Vous demandez qu'on en retranche ce que le Ministre de l'intérieur est autorisé à prendre sur l'octroi de bienfaisance établi à Paris. J'accorde cet article d'autant plus volontiers, que j'ai insisté dans nos conférences sur la nécessité de proposer avant tout l'établissement de l'octroi dans toutes les grandes communes.

Vous demandez qu'on en déduise 3,500,000 fr. que le Ministre de l'Intérieur est autorisé suivant vous à prendre sur le droit de bac et de navigation intérieure. Je voudrais pouvoir faire une réponse pareille à celle de l'article précédent ;

mais je dois vous observer que la perception du droit dont vous parlez n'est pas encore autorisée.

Vous croyez qu'on peut diminuer les dépenses en réduisant les fonds destinés aux objets imprévus. Je sais que le Corps législatif n'a pas encore réglé cet article ; mais je sais en même temps qu'il a déjà autorisé quelques imputations sur ce chapitre, qu'on n'y touche qu'en vertu d'une loi spéciale, et que l'expérience et la prévoyance conseillent d'admettre ce qui est probablement nécessaire : je ne crois pas m'en être écarté dans mon aperçu.

Reprenons, Citoyen Représentant, l'état des fonds annexés au message du 6 floréal. Je crois que vous admettez la colonne des recouvremens faits pendant le premier semestre ; elle donne 161,787,051 fr.

Je crois que vous ne contestez point l'addition que j'y fais par évaluation, en la portant à 220,000,000, pour arriver au 5 de ce mois.

Vous dites, à la page 8 de votre rapport, que j'ai reconnu et avoué la nécessité de faire une addition de 1,800,000 fr. à la colonne des recouvremens présumés pour le dernier semestre ; et qu'en conséquence, au lieu de 508,456,973 fr. que j'avais portés en somme totale pour les produits de toute l'année, vous avez présenté un nouveau résultat de 510,116,628 fr. Je conviens que vous avez fait cette addition ; mais j'espère que vous conviendrez avec moi que vous ne l'avez faite que pour obtenir le plus souvent des sommes rondes : témoin l'article de l'enregistrement, que vous avez augmenté de 79,467 fr. pour avoir 31,500,000 fr.; témoin les patentes, que vous avez augmentées de 67,199 fr., afin d'avoir 17,000,000. Je sais que vous allez plus loin, mais je vais vous suivre.

Vous proposez de considérer comme bonne recette, 20,000,000 que vous esperez qu'on pourra retirer du produit du rachat des bons de deux tiers dus par les acquéreurs des domaines nationaux, en sus des 40,000,000 que j'ai portés en ligne de compte; vous insinuez que je n'ai fait connaître cette ressource que tardivement.

Vous ignorez que c'est moi qui ai tenu et présenté en temps utile les états qui ont fait connaître les progrès des ventes; que c'est moi qui, au commencement de l'année, ai annoncé que s'il était possible que tout fût payé, il serait dû 60,000,000 : vous ignorez qu'il fut alors reconnu qu'on ne devait compter que sur 25. Je vous ai fait part des mesures par lesquelles on était parvenu à en obtenir 3 ou 4 de plus. Vous avez reconnu avec moi qu'il serait utile qu'on pût encore en faire usage pour en retirer 10. Eh bien! je dois déclarer aujourd'hui que, malgré le plus vif desir de retirer de cette ressource tout ce qu'elle peut produire, on n'obtiendra point, dans l'état actuel de la législation, les 40,000,000 que j'avais portés en ligne de compte. Mes motifs, les voici.

Les domaines qui restent à payer, sont ceux vendus au plus haut prix valeur nominale; les acquéreurs n'ont donné aucun gage; ils n'ont point payé le tiers consolidé, et lorsqu'ils

n'ont point profité des avantages dont ils ont pu jouir ;
et lorsqu'ils ont l'espérance de réacheter à meilleur marché en
tombant en déchéance, peut - on croire qu'ils viendront apporter
les 30,000,000 nécessaires pour atteindre vos calculs, mais
qui peut - être ne sont pas au pouvoir des acquéreurs pour les
paiemens à faire ! Je voudrais, comme vous, que les domaines
nationaux couvrissent tout le déficit ; mais puis - je admettre
cette proposition, lorsque toutes les probabilités sont contre,
lorsqu'une fausse sécurité compromettrait le salut de la patrie !
Vous demandez de porter dans l'état des fonds affectés aux
575,000,000, ce que vous espérez qu'on pourra retirer des
domaines engagés. J'ai dit que cet objet devait rentrer dans
la partie des domaines nationaux à vendre. Vous répliquez :
Cette réponse est dénuée de raison, et n'est qu'une observation
frivole ; car si les 125,000,000 attendus de la vente ordonnée
n'arrivent pas, il en résultera qu'il faudra y pourvoir. Eh bien !
Citoyen Représentant, vous le pouvez dors et déjà ; car nous
n'avons pas pour 25,000,000 de domaines nationaux vendus.

Je n'ai pas compté pour rien la ressource des domaines
engagés. Vous vous plaignez de ce que je l'ai trop réduite,
et de ce que je n'ai pas donné des renseignemens complets :
je les ai demandés aux quatre-vingt-dix-neuf départemens ;
quatre-vingt-un seulement ont répondu, vingt-six ont dit qu'ils
n'avaient point de renseignemens suffisans, vingt-sept ont fait
une déclaration négative ; cinq annoncent que la ressource sera
très faible. Le résumé ne présente encore que 2,958,340 fr.

Paris présentera la ressource la plus considérable. On fait les recherches dans les archives domaniales ; mais on y trouvera le procès de 1682.

Que pouvais-je dire en pareille circonstance ! que pouvais-je dire sur-tout lorsqu'il est décidé par la loi que les domaines donnés en engagement qui ne seront point rachetés, rentreront dans la classe ordinaire des propriétés nationales ! Je vous annonce qu'il n'existe presque point de déclaration de rachat, et qu'il est facile de pressentir que les détenteurs de ces domaines n'ont pas à leur disposition les sommes nécessaires pour les conserver. Vous connaissez la situation des propriétaires.

Vous me reprochez de ne point porter à leur véritable valeur les fruits des domaines nationaux, et notamment ceux qui peuvent être revendiqués des copropriétaires par indivis qui se sont maintenus en jouissance.

J'ai porté ce chapitre de nos recettes à 23,349,107 fr.

Vous savez qu'il ne reste à vendre que pour 348,000,000 de domaines nationaux estimés sur le pied de vingt fois la rente ; vous savez qu'ils sont soumis à la contribution foncière en numéraire ; vous savez que j'ai écrit circulairement pour avoir des renseignemens circonstanciés sur les restitutions à exiger ; vous savez que les premières réponses ne promettent pas 2,000,000 pour toute la République ; vous savez que la Régie des domaines vous l'a certifié de même : et vous voulez que je porte cet article à 15,000,000 !

Vous dites qu'on a omis de comprendre dans l'évaluation de

l'enregistrement, 2,500,000^f qu'on peut espérer en augmentation sur la partie des successions. Je conteste la probabilité de cette augmentation considérée sous le rapport d'une recette plus forte que celle que j'ai portée en masse. J'avais pris en considération tout ce qu'on peut en espérer. On sait qu'il se passe moins de contrats dans le dernier semestre que dans le premier, et que par conséquent les actes civils rendront moins d'un autre côté.

Vous portez une augmentation considérable sur le produit des droits de greffe, et vous citez pour exemple les tribunaux de Paris.

Paris ne ressemble à aucune autre commune; et si l'on voulait la prendre pour terme de comparaison, il faudrait la calculer bien autrement que vous ne le faites.

Je persiste dans les évaluations portées à l'état des fonds annexé au message du 6 floréal, et j'y persiste avec le désir que beaucoup de citoyens expérimentés dans cette partie partagent avec moi, d'obtenir des recettes que j'y ai portées, et d'après les lois en vigueur à cette époque, les 508,456,963 fr. que j'ai annoncés.

Vous voudriez, Citoyen Représentant, que j'eusse demandé les 50 ou 60,000,000 qui font, suivant vous, l'objet du débat, comme étant nécessaires pour de nouvelles dépenses connues postérieurement à l'ouverture des crédits. Je ne sais point mentir à ma conscience ; non, je ne me prêterai point à cette transaction, à cet accommodement entre la vérité et des suppositions gratuites. Lorsque vous éprouvez une si grande répugnance à proposer de nouvelles contributions, vous devez croire qu'il n'est point agréable d'en demander : mais je ne ferai point usage de cette fausse popularité qui trahit les véritables intérêts des citoyens ; j'ambitionne leur estime, mais je veux qu'elle soit durable et constante. Les ressources de la France sont supérieures à ses besoins : l'expérience du passé prouve qu'un déficit est la plus terrible des contributions. On ne veut plus de nouvelles lois de liquidation ; on ne veut plus d'arriérés. Les 67,000,000 dont il s'agit, sont nécessaires pour compléter les 575,000,000 que vous avez vous-même portés en ligne de compte ; la demande qui en est faite n'a rien de commun avec de nouvelles propositions qui ne sont point encore formées, et qui ne pourront porter que sur des objets inconnus lors de la première ouverture de crédits, et pour lesquels les fonds n'ont pas été faits encore.

Je ne puis terminer cette pénible discussion sans revenir à la réflexion que vous faisiez vous-même au commencement de nos conférences : il est malheureux qu'on l'ait provoquée ; si c'est une faute, voyons à qui elle doit être imputée. Le Directoire exécutif a souvent invité le Corps législatif à compléter l'état des fonds de l'an 7, et le Conseil des Cinq-cents en avait reconnu la nécessité, lorsque vous êtes venu lui dire qu'il n'y avait point de déficit.

Une pareille assertion, lorsque les paiemens sont presque suspendus, lorsque les traitemens sont arriérés, est une véritable accusation de soustraction des deniers publics ; cette accusation, vous l'avez portée en assurant que s'il fallait de nouvelles contributions, ce n'était pas pour combler le prétendu déficit, mais bien pour couvrir des dilapidations commises. Veuillez calculer quelles seraient les conséquences funestes d'une pareille assertion, si on devait y croire : les contribuables pourraient se croire invités à ne pas payer les contributions ; personne ne devrait plus se présenter pour traiter avec le trésor public ; et s'il en était ainsi, où en serait la République dans les circonstances difficiles où nous nous trouvons !

Vous avez contesté l'existence du déficit ; et lorsque vous vous êtes vu cependant obligé de proposer de nouvelles taxes, vous dites qu'il les faut pour couvrir les dilapidations : si vous pouviez m'opposer une pareille marche dans mes raisonnemens, qu'auriez-vous dit !

Vous accréditez des imputations de dilapidations, supposées par les ennemis de la République : le caractère dont vous êtes revêtu m'imposait l'obligation d'expliquer tous les faits.

Dans quel temps rend-on la publicité de ces débats nécessaire ! c'est lorsque tous les coalisés se rallient contre la République, et qu'il importe plus que jamais à la France que l'harmonie la plus parfaite subsiste entre les pouvoirs constitués.

Cette harmonie ne pourrait pas s'entretenir dans le choc des accusations qu'on multiplie ; elle a besoin de la confiance, et la confiance publique est sur-tout nécessaire à ceux qui sont chargés de l'exécution des lois et qui en sont responsables. C'est pour la justifier que j'ai cru devoir vous adresser cette

*lettre : je m'y suis trouvé engagé par les fonctions que j'exerce.
Vous devez voir avec intérêt que je sois jaloux de la mettre à
l'abri de toute atteinte, et de me concilier votre opinion et votre
estime.*

Salut et Fraternité.

Le Ministre des finances,

D. V. RAMEL.